BIRGIT UNTERWEGER
Text: Annik Aicher

Mit den Augen eines Kesselkindes

belser

Außergewöhnliche
Streifzüge durch Stuttgarts
Stadtteile und Randbezirke

STUTTGART AUS MEINER SICHT

mit vielen Tipps

DER CHARME DES BEILÄUFIGEN

Birgit Unterweger erobert Stuttgart jenseits der ausgetretenen Pfade

Von Adrienne Braun

Der Mensch ist faul. Er hat seine Meinung. Das ist praktisch und effizient. Einschätzungen und Urteile brennen sich tief ins Hirn ein, um mit wenig Aufwand abrufbar zu sein. Wer aber aus den festen Pfaden seines Kopfes ausbrechen will, muss hart ringen. Nichts lässt sich schwerer überwinden als die eigenen Gewohnheiten und Ansichten. Entsprechend sind auch meist zu Stuttgart und den Stuttgartern schnell Stereotype und Pauschalurteile zur Hand: fleißig und sauber, knitz und knausrig – und garantiert unsexy. Ach ja, Auto- und Staustadt Nummer eins ist Stuttgart natürlich auch noch. Bequemlichkeit scheint Birgit Unterwegers Sache dagegen nicht zu sein. Sie hat in der Autostadt Stuttgart das Auto stehen lassen und sich zu Fuß aufgemacht – mit ihrem Hund. Zunächst waren es nicht mehr als Spaziergänge, bei denen sie fotografierte. Dann aber hat sie begonnen, die Stadt mit der Kamera systematisch zu erkunden. Mehr als 20 000 Fotografien sind bei diesen Streifzügen entstanden und brachten Birgit Unterweger auf die Idee, diese Bilder in einem Buch zu veröffentlichen, weil sie eine andere Stadt zeigen als jene, die man aus den Hochglanzbroschüren der Marketingabteilungen kennt. Denn Birgit Unterweger hat sich auf Ab- und Nebenwege begeben, wo sie charmante Hinterhöfe und idyllische Biotope aufspürte, Subkultur oder dörflichen Charme. Sie hat nicht das offizielle Stuttgart dokumentiert, nicht die repräsentative Architektur, die stolzen Institutionen und Flaggschiffe der Wirtschaft. Birgit Unterwegers Stuttgart ist das in der Nachbarschaft. Sie richtet den Fokus auf Beiläufiges jenseits des Mainstreams und des Bekannten. Hier ein Café in einem Wohnzimmer in Hofen, dort der Schlossplatz, auf dem ausnahmsweise nicht Eisbahn oder Verkaufsbuden aufgebaut wurden, sondern Menschen lümmelnd Trickfilme anschauen. Denn auch das ist Stuttgart. Es bedarf der Entschleunigung, um das Blümchen am Wegesrand zu finden. Den Motiven sieht man an, dass die Fotografin die Perspektive der Flaneurin eingenommen hat, die ihren Lebensraum per pedes erkundet und Schönheiten mit wachem Blick und doch wie nebenbei entdeckt. Selbst wenn auf den Fotografien Menschen rar sind, erzählen die Fassaden, Türen und Tore, die Vorgärten und Hinterhöfe doch viel über jene, die in dieser Stadt leben, einer Stadt, in der durchaus auch Witz, Kreativität und sympathisch Schräges zu Hause sind. Mitunter weht sogar ein anarchistischer Geist – und wachsen Sonnenblumen auf dem Parkdeck.

Damit mag Birgit Unterweger an festgefahrenen Ansichten rütteln, die manch träges Hirn willfährig reproduziert, aber man lässt sich von ihr gern eines Besseren belehren. Denn diese Fotografien sind ein ästhetischer Genuss. Die wohlkomponierten Perspektiven loten kunstvoll Ruhe und Dynamik aus, sie verraten ein sicheres Gespür für Farben und Kontraste und fangen en passant noch ungewöhnliche Lichtstimmungen oder Naturschauspiele am Himmel ein.

So kitzelt dieses Buch, bei dem vom Konzept bis hin zur grafischen Gestaltung alles in Birgit Unterwegers Hand lag, nicht nur das Auge, sondern vermittelt zugleich ein Lebensgefühl, eine Haltung. Die Fotografien machen Lust darauf, genauer hinzuschauen, sich nicht vom oberflächlichen Eindruck trügen zu lassen, sondern die Perspektive zu verschieben und die Wahrnehmung auch für Details zu öffnen. Das mag zunächst Mühe kosten, Birgit Unterweger aber beweist: Es kann beglückend sein und lohnt sich, die ausgetretenen Wege hin und wieder zu verlassen.

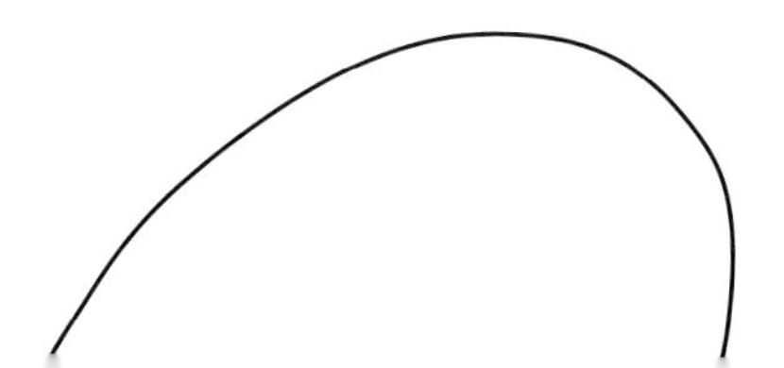

SCHILLERPLATZ

MITTENDRIN

STUTTGART-MITTE

Ja, ich geb's zu: Wenn ich über die Hügel von Stuttgart wandere, bin ich im Kesselrausch. Ich liebe die versteckten Oasen, die betörende Natur, die wild wuchernden Geheimwege entlang der Stäffele. Kitschig? Nein, nur in die eigene Stadt verliebt!

Mitte

Ein
ROM
12. 04. 2015
10 bis 17 Uhr
3-

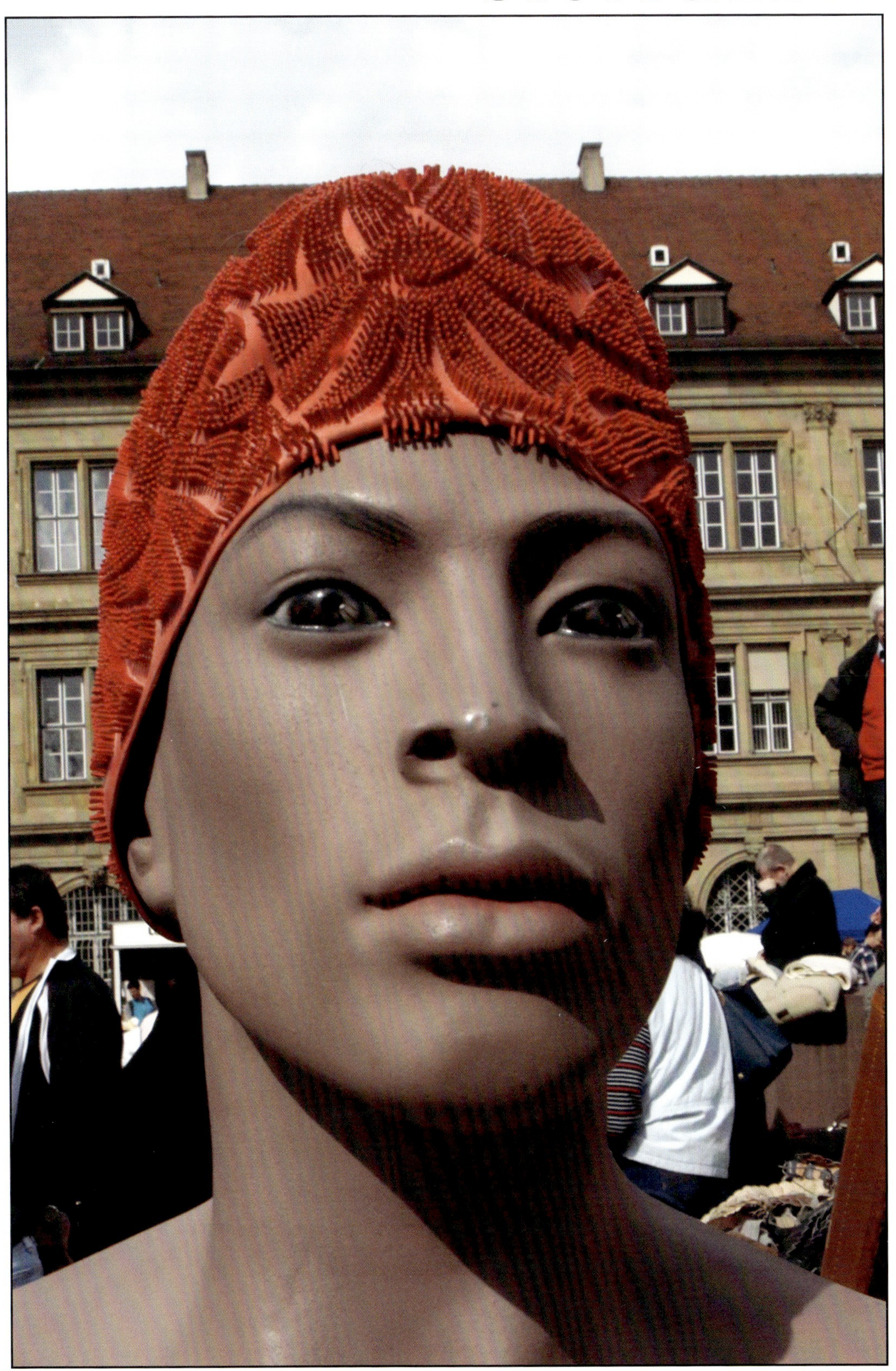

SCHILLERPLATZ

MARKTHALLE

SCHLOSSPLATZ

FESTIVAL OF ANIMATED FILM
FESTIVAL OF ANIMATED FILM
INTERNATIONALES TRICKFILM FESTIVAL STUTTGART

WELTCAFÉ IM WAISENHAUS

KÖNIGSBAU

FAST WIE IM SÜDEN

KARLSPLATZ

ZÜBLIN-PARKHAUS

STUTTGART URBAN

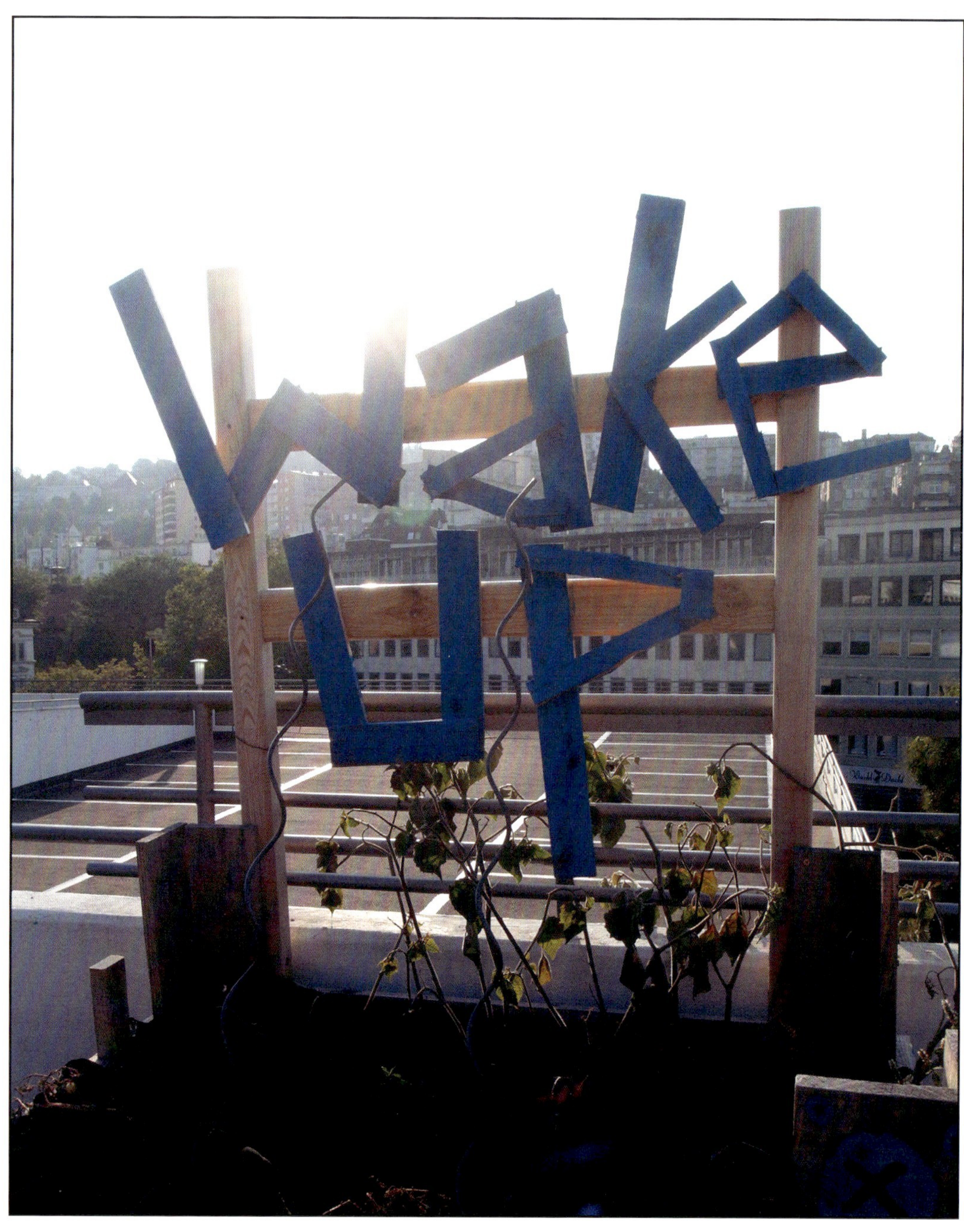

PARKEBENE 0

MONICA MENEZ

"FUMES AND PERFUMES - EIN AUSSTELLUNGSPROJEKT DER FOTOGRAFEN FRANK BAYH & STEFF ROSENBERGER-OCHS, PETER FRANCK, MONICA MENEZ UND YVES NOIR IM ZÜBLIN PARKHAUS"

www.monicamenez.de

FRANK BAYH & STEFF ROSENBERGER-OCHS, IM ZÜBLIN-PARKHAUS

www.frankundsteff.de

LINKS DOROTHEEN- / RECHTS WEBERSTRASSE

Brasserie
BISTR

BOH-NEN VIERTEL

Schief die Häuser, bucklig die Pflastersteine.
Und hey – noch nicht wegen einer
Shoppingmall plattgemacht!
Wo früher Gartenbohnen gegen die
Hungersnot rankten, kreuzen heute die Wege von
Rockern und Jazzfans, von Rotlichtgängern
und Kirchenbesuchern.

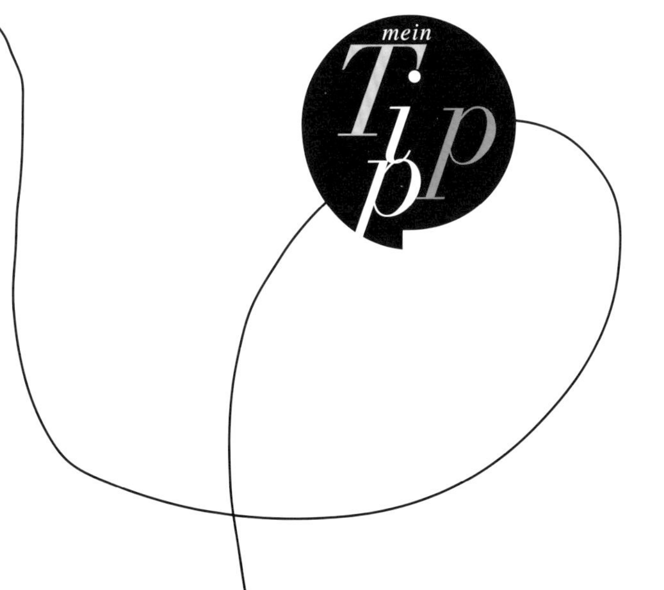

LEONHARDSTRASSE

HALLIGALLI IM

BOHNENVIERTEL

LUST AUF

HINTERHOFROMANTIK

WEBERSTRASSE

NONNE

WIR WOLLEN WULLE
WULLE BIERE
WULLE BIERE

AUSZEITGEFÜHLE AM

MOZARTPLATZ

Privatgrundstück
Parken verboten

CHARME DES VERFALLS

HEUSTEIGVIERTEL

STUTTGART-Süd

Das Eiernest ist so kuschelig, wie es klingt. Dicht an dicht stehen die Reihenhäuschen der Arbeitersiedlung aus den 1920er-Jahren. Winzige 65 Quadratmeter erfüllten das große Glück vom Eigenheim. Und immer schwer am Schaffen: der Gartenzwerg.

Süd

EIERSTRASSE

LANDIDYLLE IM EIERNEST

Seilbahn-Fahrpla

	Erster Wagen	Letzter Wagen	Wagen folge
Montag bis Freitag	9 10	17 50	20 Minute
Samstag	9 10	17 50	20 Minute
Sonn- und Feiertag	9 10	17 50	20 Minute

press

Gaaanz langsam geht es aufwärts.
Kein Wunder, denn die hölzerne Lady ist schon rund
90 Jahre alt. Trotzdem schafft die Standseilbahn
die 87 Höhenmeter zwischen Südheimer Platz und dem Wald-
friedhof spielend, in nur wenigen Minuten.

SÜDHEIMER PLATZ

AM BOPSER

AM BOPSERWEG

Tee HAUS

AM BOPSER

MARMORSAAL

BEIM THEATER RAMPE

LISTSTAFFEL

SILBERBURGSTRASSE

DRB
NAV.

Coca-Cola

OLGASTRASSE

SCHWABTUNNEL

LINKS BÖBLINGER- / RECHTS LISTSTRASSE

MÖRIKESTRASSE

STADTBAD HESLACH

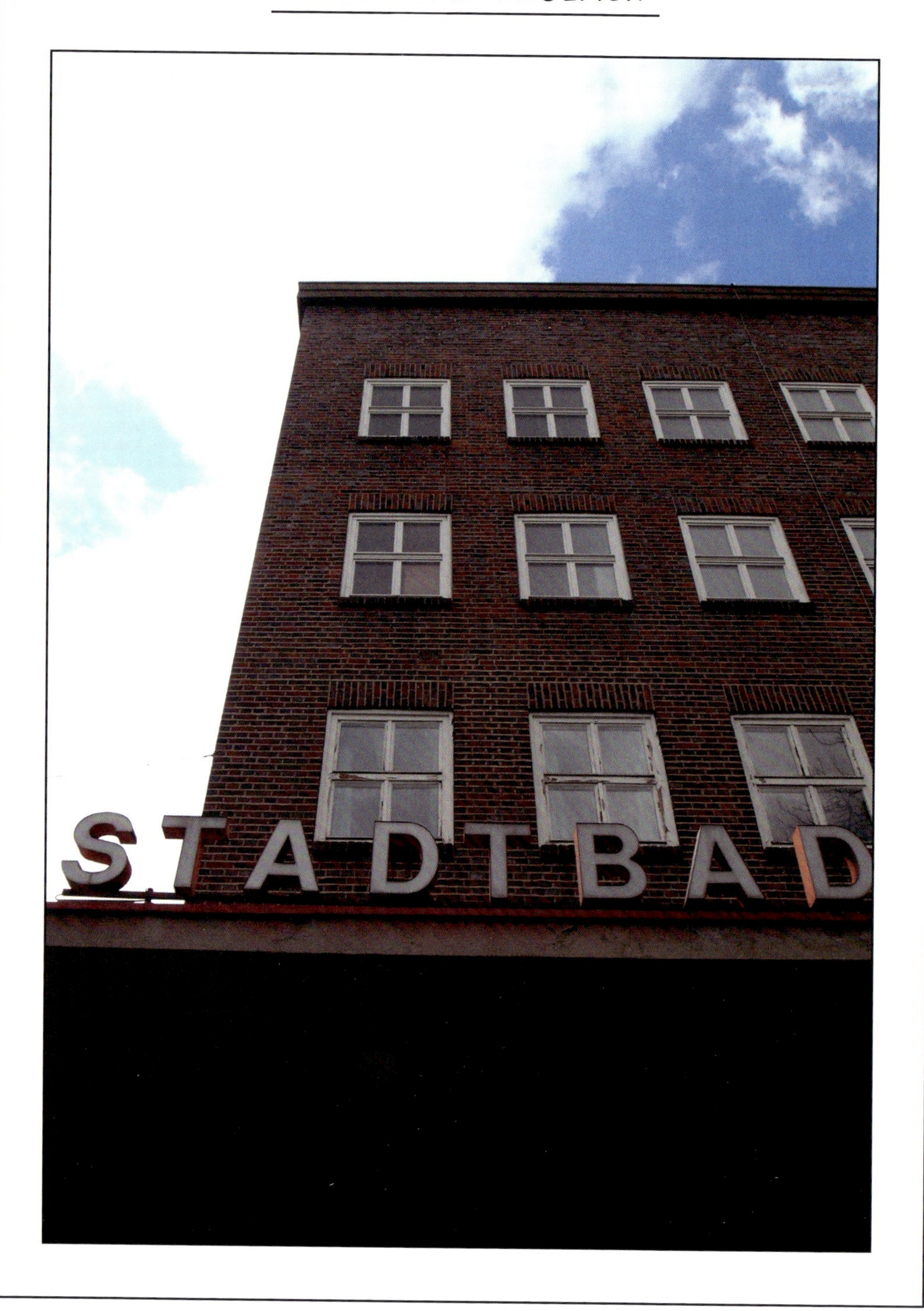

HATE NATIONALISM!
braend

LINKS MÖRIKE- / RECHTS BÖBLINGERSTRASSE

KARLSHÖHE

KARLSHÖHE

KARLSHÖHE

STUTTGART-WEST

Farbenflash an der Schlossstraße. Das Haus mit dem knallbunten Graffiti-Kleid passt gut in den Stuttgarter Westen. Denn hier leben, lieben, arbeiten besonders viele Kreative. So eng bebaut ist's in Deutschland kaum wo. Doch die hübschen Gründerzeithäuser und die kleinen Läden und Cafés machen das wieder wett.

West

FALKERTSTRASSE

GANZ SCHÖN KUHL

GUTBRODSTRASSE

REINSBURGSTRASSE

GÄNSEPETERBRUNNEN

Feuer-SEE

Charmant – ein Hauch von Paris
am ehemaligen Löschteich der Stadt.
Für verwunschene Augenblicke à la Notre Dame
sorgt die Johanneskirche. Und seitdem eine
Uferpromenade direkt am Wasser entlangführt, wird
die Mittagspause zum Schaulaufen.

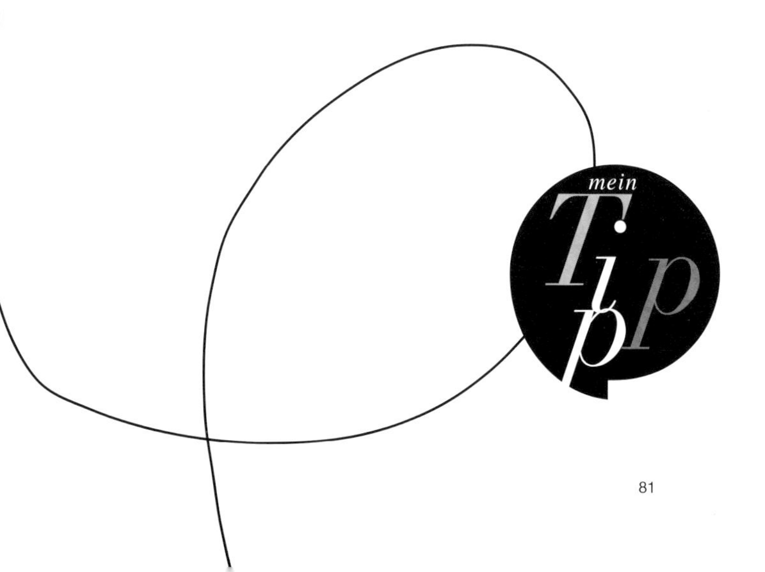

FEUERSEE

HEIKO VOLZ

Synchronsprecher

Der Feuersee. Mal kurz durchatmen auf der kleinen Insel – in der Stadt, die ihren Fluss eher versteckt hält. Denn Heiko Volz ist ständig unterwegs. Als Moderator bei Regio-TV, Synchronsprecher, Autor, Schwäbisch-Übersetzer. Immer mit im Gepäck: zwei Comicviecher, die vor über 50 Jahren zum ersten Mal im Süddeutschen Rundfunk ihre Späßle gemacht haben. „Egal wo du bist, im Theater, auf der Straße, es sind lauter Themen um einen herum", sagt Volz. Und die verwandelt Heiko Volz in Geschichten. 1500 Dialoge hat er schon für Äffle und Pferdle geschrieben. Seit 2009 schwätzt das Äffle sogar mit seiner Stimme. Heiko Volz, dem Abrisswahn und Bausünden ein Graus sind, liebt seinen Hölderlinplatz-Kiez. Und wenn's Pferdle net do isch, gibt er auch mal einem Hund wie Birgits Lucy die Pfote.

MONTE SCHERBELINO

Jórunn Ragnarsdóttir & Arno Lederer
Architekten

Sie gewinnen große Wettbewerbe – und halten nichts von Starallüren. Das Architektenpaar Jórunn Ragnarsdóttir und Arno Lederer lebt und arbeitet schon seit mehr als drei Jahrzehnten in Stuttgart. Auf dem lichtflirrenden Hoppenlaufriedhof finden sie einen Ort der Ruhe, der in der Stadt langsam rar wird. Denn teure Grundstückspreise machen Druck auf die Gestaltung. Die Folge: Konsum statt Kontemplation, Effizienz statt Ästhetik. „Das Auge sieht nicht nur, sondern riecht, fühlt, schmeckt“, sagt Lederer. Was Ragnarsdóttir, der gebürtigen Isländerin, aus dem Herzen spricht. Denn auf der Vulkaninsel ist schon lange bekannt, dass Architektur nicht nur praktisch, sondern auch schön und sinnlich sein kann. Die Zukunftsvision der beiden: mehr öffentliche Räume mit Ausstrahlung.

HOPPENLAUFRIEDHOF

BESTE FREUNDE: ARI & LUCY

Bären- *SEE &* *Schlössle*

BÄRENSEE

NORDWÄRTS

STUTTGART-Nord

Eine echte Kuriosität beim Nordbahnhof!
Und ein bisschen wie bei den sieben Zwergen.
Knuddelige Häuschen, die sich unter einen Berg,
nein, eine Bahnbrücke ducken.
Ob Schneewittchen hier Ohrstöpsel trägt?

Nord

WAGGONATELIERS NORDBAHNHOF

GRAFFITI: HÖRST

GRAFFITI: HCCB

FÜR EISENBAHNER ERBAUT

ARCHITEKTUR FRIEDHOFSTRASSE

URLAUB AUF BALKONIEN

WEISSENHOF

Le Corbusier

Reduktion auf das Wesentliche. Die Häuser des Stararchitekten in der Weissenhofsiedlung sind zeitlos genial und gehören heute zum UNESCO-Weltkulturerbe.
Die wenigsten kennen den Geburtsnamen des Schweizers: Charles-Édouard Jeanneret-Gris.

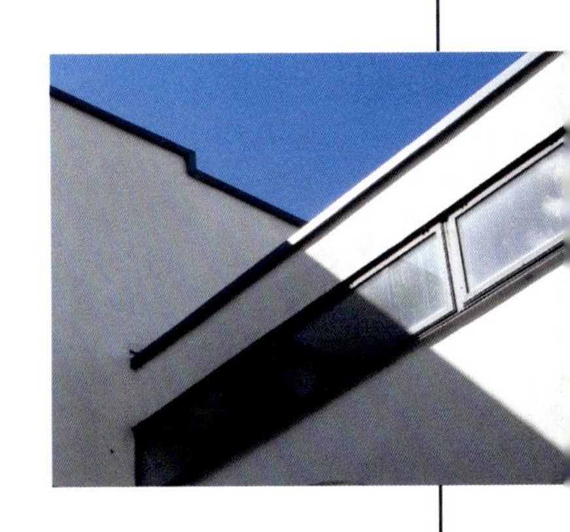

STUTTGART PUTZT

WEISSENHOF

JACOBUS JOHANNES PIETER OUD
5–9

Hölzelweg
HAUS 33
HANS SCHAROUN

8

WEISSENHOF

AM KOCHENHOF

2

KILLESBERG

AKADEMIE DER KÜNSTE

AM KOCHENHOF

OSTWÄRTS

STUTTGART-OST

Ein Stadtteil mit erfrischend viel Leben und spannenden Brüchen. Und mit einem Trauerspiel mitten im Park. Das Kulturdenkmal Villa Berg verfällt – und die Stadt schaut zu.

VILLA BERG

ZIMMER MIT AUSSICHT

ARBEITERSIEDLUNG

Rai-tels-berg

Ist hier die Zeit stehen geblieben?
In der Raitelsbergsiedlung findet man sich plötzlich im Jahr 1928 wieder.
Doch so bauhausmäßig funktional und schlicht, wie die Wohnblöcke scheinen, sind sie nicht.
Lugen da nicht steinerne Rehe, Kleinkinder und sogar eine Heiligenfigur aus den Fassaden heraus?

ARBEITERSIEDLUNG

RAITELSBERG

BAD
Aus T
9
HALLEN-U. FREIBAD
ganzjährig geöffnet
Eingang

BERG
dition

SEELE BAUMELN LASSEN IM

BAD BERG

EIN LEBEN OHNE MOPS IST MÖGLICH, ABER SINNLOS

Wuff! Hoch auf einer Säule thront die bronzene Mopsdame, die stolz über ihr Quartier wacht. Nicht davon wegzudenken: die Eisschlotzer, die Meeresnymphe Galatea, der Postkartenblick über Stuttgart und natürlich die Erinnerung an Loriot. Der lebte, als er noch Vicco von Bülow hieß, einige Jahre in der Haußmannstraße 1 – und drückte im Ebelu die Schulbank.

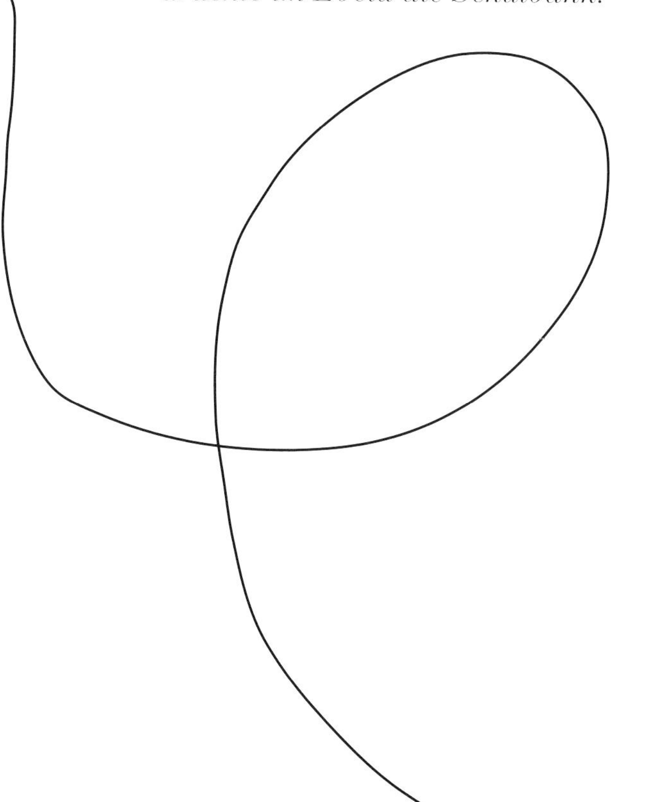

EUGENSPLATZ, SKULPTUR ULI GSELL

EIS SCHLOTZEN

AM EUGENSPLATZ

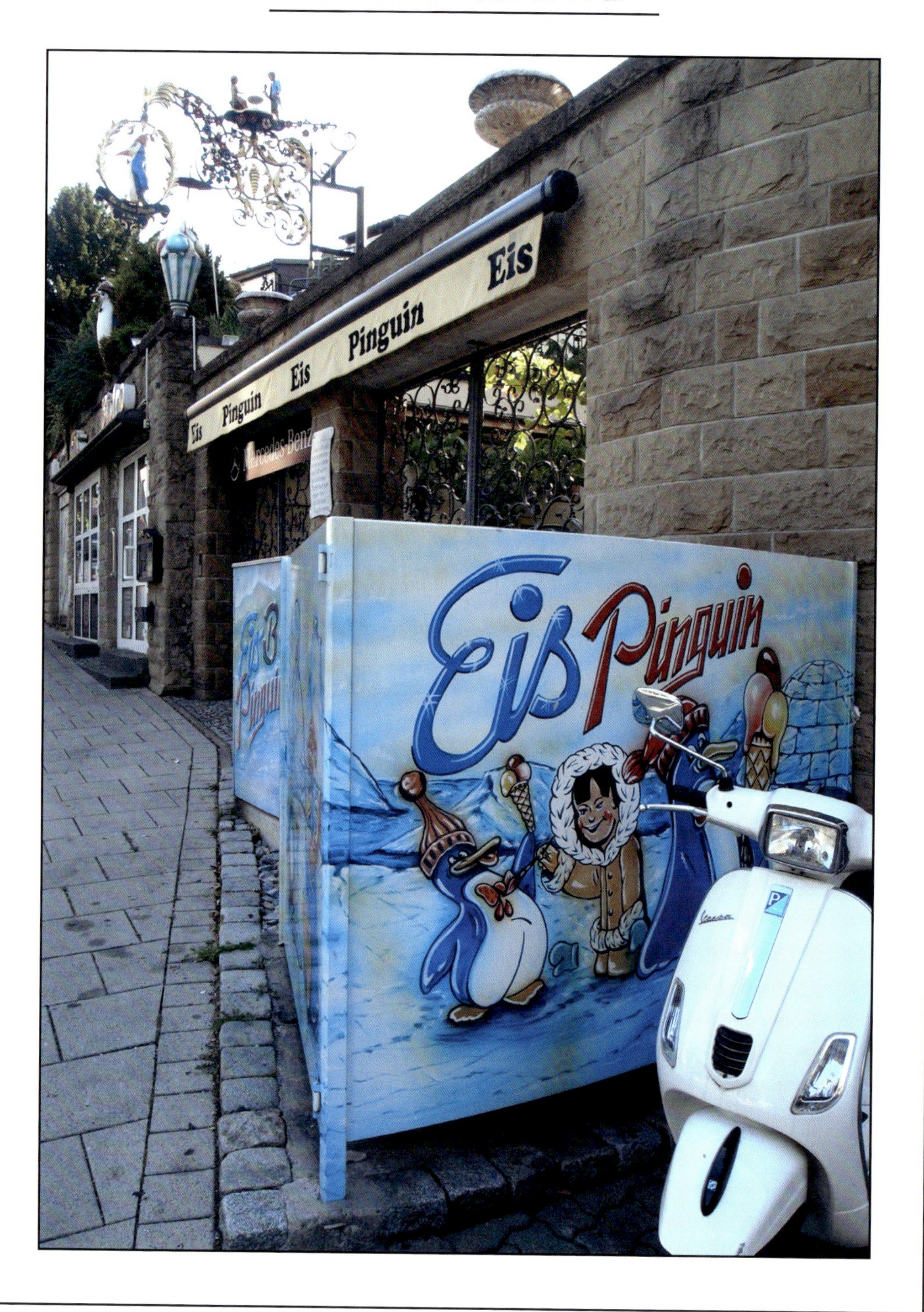

EUGENSPLATZ

2014
GABLENBERGER
TROLLINGER

Isolde ALBER

Theaterregisseurin

Das alte Weinberghäuslein in Gablenberg: ein Hort der Fantasie. Hier küsst die Muße die Theaterregisseurin, hier trifft sie sich mit der Nachbarin Ruth Richter zum Kaffeeklatsch. „Bei unserem Einzug stand Ruthle mit einem Riesentopf Maultaschen da – das war der Beginn unserer Freundschaft!", sagt Isolde Alber. Und das Ruthle lacht ihr lautes, lustiges Lachen dazu und verteilt großzügige Stücke vom Hefezopf. Die Texte für ihre schwäbischen Mundartstücke schreibt Isolde Alber am liebsten umgeben von den leuchtend grünen Weinblättern. Die klare Luft, die Rosen, die abendlichen Käuzchenrufe – sie lassen den Geist frei wandern. Steigt Isolde Alber aber in die Innenstadt hinab, muss sie die Idylle suchen. Stuttgart 21 hat viel Schönes weggebaggert. Und stattdessen Liebloses hingesetzt.

WALD-Ebene OST

So nah der Großstadt und doch so fern: Hier knabbern schon mal Rehe Äpfel am Wegesrand. Wer die Rennstrecke zum Onkel-Otto-Biergarten verlässt, spaziert durch das Labyrinth der uralten Wandelwege. Und wird verzaubert in einer Idylle aus Weinbergen und Gärten.

BEIM DÜRRBACHTAL

DÜRRBACHTAL

Fern SEH turm

Dass es mal ein Stuttgart ohne Fernsehturm gab? Undenkbar! Und unendlich lang schienen die knapp drei Jahre, in denen die Stahlbetonnadel samt Höhenrestaurant geschlossen war. Doch pünktlich zum 60. Geburtstag war der Brandschutz fertig – und Stuttgart wieder auf der Höhe.

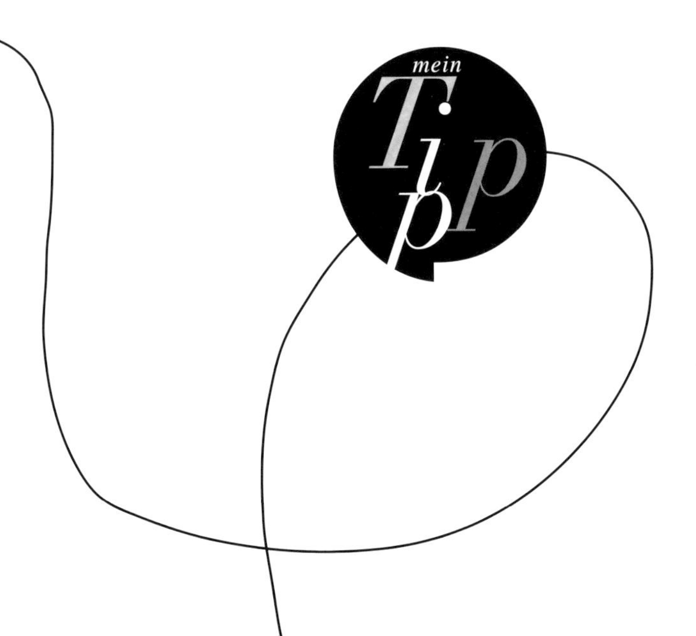

ES GRÜNT SO GRÜN

GÄRTEN HOHENHEIM

MERCEDESSTRASSE

NECKARWÄRTS

STUTTGART- BAD CANNSTATT MÜNSTER & HOFEN

Nicht vom furchtbar verbauten Wilhelmsplatz abschrecken lassen! Im Stadtteil jenseits des Neckars locken viele atmosphärische Winkel und Ecken. Wie etwa das Klösterle, Stuttgarts ältestes Wohnhaus, die schönen Brunnen, aus denen Mineralwasser sprudelt, oder der weitläufige Kurpark. Dort steht noch das Gartenhäusle, in dem einer ganz „hälenga" am Automobil tüftelte: Gottlieb Daimler. Übrigens: Münster und Hofen haben auch noch Einiges an Unerwartetem zu bieten.

NECKARUFER

AUCH WIR HABEN EINEN FLUSS

STADTSTRAND

THEATERSCHIFF

Saatgut - und
TAUSCHBÖRSE
Um die Flüchtlinge

KULTURINSEL

Bienen summen, Salate sprießen, Menschen gärtnern, alternative Kultur sprießt. Eine Oase mitten in der Industriebrache. Doch wie lange noch? Der Club Zollamt, auf dessen Gelände Urban Gardening und Kunst blüht, musste wegen Beschwerden aus der Nachbarschaft schließen. Die Kulturinsel Stuttgart darf mit Inselgrün und vielen weiteren Kulturprojekten für die kommenden zwei Jahre bleiben.

INSELGRÜN

INSELGRÜN

Gustav Rösl

WER HIER
PISST
!!!

INSELGRÜN

WASEN

VOM KÖNIG GESTIFTET

VOLKSFEST

ROSENSTEINPARK

ROSENSTEINPARK

LUSTWANDELN IM

KURPARK

AUGUSTINERBIERGARTEN

KURSAAL

KURPARK

EnBW

STUTTGART BAD CANNSTATT

Tra
Vertin
park

NECKARTALSTRASSE

FROSCHKÖNIG SUCHT FRAU

BITTE KÜSS MICH

MAX-Eyth-SEE

*Bei warmem Wetter wunderbar international,
der Duft von Gegrilltem steigt in die Nase,
während der See in der Nachmittagssonne glitzert.
Absoluter Geheimtipp: Das witzige
Wohnzimmercafé in Hofen, das nur am Wochenende
geöffnet hat.*

MAX-EYTH-STEG

WOLFGANGSTÜBLE

STANGENBOHNEN
1 Bd. 500 gr. 2,50 E

FLUSSAUFWÄRTS

STUTTGART-HEDELFINGEN & ROHRACKER

Wie schön, dass es das noch gibt!
Die Tische vor den Häusern mit einem Kässle
und allem, was die Jahreszeit zu bieten hat:
Weinbergtomaten, Bohnen, Himbeeren, Äpfel.
Stuttgart ganz dörflich – und das nur sechs
Kilometer vom Breuninger entfernt.
Aber nur dann, wenn wirs Wegle über die
Weinberge fahren wie der Herr Zetsche.

Vintage Winery

*Mensch, ist das steil. Der Bilderbuchweinberg
in Rohracker, der von gegenüber so putzig aussieht, hat es in sich.
Hoch, immer höher geht es durch die Reben.
Über keuchende Besucher freuen sich Sebastian Schiller
und Dennis Keifer besonders.
Denn wer nach Luft schnappt, erfährt am eigenen Leib,
wie „mega-anstrengend" es ist, Wein herzustellen. Sagt Dennis.
Wie vor 100 Jahren bewirtschaften die beiden
Sandkastenfreunde den Steilhang von Hand. Außer handwerkliches
Know-how bringen die studierten Jungwinzer
viel Idealismus mit. Und da ohne Startkapital nichts läuft,
sammelten sie das nötige Geld über Crowdfunding.
Schöner Nebeneffekt: Viele Fans packen nun
im Weinberg mit an. Auch wenn sie für einen
Sauvignon Blanc oder Lemberger Cabernet
ziemlich schnaufen müssen.*

KSK

KSK
ESTD 2013

WEINWANDERWEG

ROHRACKER HÖHENWEG

OM MANI PADME HUM

WEINWANDERWEG ROHRACKER

WIE IN GRIMMS MÄRCHEN

VERWUNSCHENES BUSSBACHTAL

Moni RAMONI

Saxophonistin

Moni Ramonis absolutes Highlight:
ihr Spontanauftritt mit den US-Folk-Punks Violent Femmes
im LKA. Als „Frolain mit de große saxophone“ wurde
die Rastahaar-Powerfrau angekündigt.
Ihrem Baritonsaxofon entlockt sie auch mit anderen Bands Töne,
die nicht von dieser Welt sind.
Wie etwa mit den Cleaning Women oder Papa's Finest.
Eine ihrer Lieblingslocations in Stuttgart ist das Wizemann.
Und das Klinke-Festival im Merlin als Bühne
für Newcomer. Ein herber Verlust: Die Röhre, die wegen
Stuttgart 21 schließen musste. Die ewige Baustelle
gefällt Moni gar nicht. Auf Demos gegen
das Großprojekt hat sie deshalb oft bei Konzerten
mitgespielt. Statt des neuen Bahnhofstrogs hätte
sie lieber einen Baggersee mit Strand.
Und statt des Baustellenlärms warme
Saxofonklänge. Honk!

WEINWANDERWEG HEDELFINGEN

EIN KLEINOD

ALTE KIRCHE HEDELFINGEN

HIMMELWÄRTS

STUTTGART-ROTENBERG & UHLBACH

Ganz schön kühn. Um eine Grabkapelle für seine früh verstorbene Frau Katharina zu bauen, ließ König Wilhelm I. kurzerhand die fast 800 Jahre alte Stammburg der Württemberger abtragen. Protest zwecklos. Heute ein sehr beliebtes Ausflugsziel mit grandiosem Weitblick. Wer durch die Weinberge absteigt, kann in Uhlbach den Tag bei einem Viertele ausklingen lassen.

WEINORT UHLBACH

UHLBACH UND DAS ALTE RATHAUS

ARCHITEKTUR HANS SCHAROUN

ROMEO TRIFFT JULIA

STUTTGART-ROT / SCHOZACHER STRASSE

Julia
Schwabbacher Str. 15

NOTIZEN

Grafik-Designerin / Fotografin / Malerin

Über 30 Jahre selbständig im Bereich Consulting, Marketing, Strategie, Markenführung, Branddesign. Für führende deutsche und internationale Unternehmen tätig. Internationale Auszeichnungen

IMPRESSUM:

Konzeption, Gestaltung, Fotografie © ART-WORK Birgit Unterweger, Stuttgart

Bibliografische Information der Deutschen Nationalbibliothek.
Die Deutsche Nationalbibliothek verzeichnet diese Publikation in der Deutschen Nationalbibliografie; detaillierte bibliografische Daten sind im Internet über http://dnb.dnb.de abrufbar.

Projektleitung: DIRK ZIMMERMANN
Text: ANNIK AICHER
Gestaltung, Satz, Druckvorstufe: Birgit Unterweger
Gesamtherstellung: Print Consult München

www.belser.de

ISBN: 978-3-7630-2768-2

Fotografen:
Birgit Unterweger, S. 4 und S. 224 Annik Aicher, S. 22-25 Frank Bayh und Steff Rosenberger-Ochs, S. 162-163 Kevin Bitz, S. 164 Deborah Bringschulte, S. 166-167 Kevin Bitz